Serial Publication —— WINGS

STORY BY
大川七瀬
NANASE OHKAWA

第9巻

RG VEDA
聖伝

双城炎雷篇
I

新書館

COMIC BY
もこなあぱぱ
MOKONA APAPA

WINGS COMICS

PLANNING
CLAMP

PLANNING CLAMP

RG VEDA
聖伝
双城炎雷篇 I ——5
第九巻
六星《ろくせい》流れ落つる　そは天に背《そむ》く闇星《やみぼし》なり
紡《つむ》がれし運命《さだめ》のさきがけに　汝《なんじ》　みずから育《はぐく》むべし
絶えたる血族《けつぞく》の指し示すままに
汝　赤児とともに　発ち行かん
善悪定まらずともその赤児　天界の運命の輪を回す
六星集うは天の取極《しゅきょく》なり
されど闇の御許《みもと》　舞い降りたる者あり
掌中《しょうちゅう》に星の軌道を治《おさ》め　闇星《あんせい》　天星《てんせい》ともに操《あやつ》る
その者　我が『星宿《せいしゅく》』にも　見定めるはかなわず
汝の育みし紅蓮《ぐれん》の炎
すべての邪悪を焼きつくし
総《そう》じて六星あらゆる他を圧し　制するはあたわず
そして
汝ら　天を滅ぼす『破《は》』と成らん

H O S H I G A N A G A R E R U

汝ら、天を滅ぼす『破』と成らん。

CLAMP MEMBERS

Main

STORY
大川七瀬 NANASE OHKAWA

COMIC
もこなあぱぱ MOKONA APAPA

Book Designer
大川七瀬

Director
もこなあぱぱ

Short Comic
猫井みっく

Art Assistants
猫井みっく MICK NEKOI
五十嵐さつき SATSUKI IGARASHI

CLAMP MEMBERS

PLANNING & PRESENTED by

CLAMP

六星《ろくせい》流れ落つる　そは天に背《そむ》く闇星《やみほし》なり
紡《つむ》がれし運命《さだめ》のさきがけに汝《なんじ》　みずから育《はぐく》むべし
絶えたる血族《けつぞく》の指し示すままに
汝　赤児とともに　発ち行かん
善悪定まらずともその赤児　天界の運命の輪を回す
六星集うは天の取極《しゅきょく》なり
されど闇の御許《みもと》　舞い降りたる者あり
掌中《しょうちゅう》に星の軌道を治《おさ》め　闇星《あんせい》　天星《てんせい》ともに操《あやつ》る
その者　我が『星宿《せいしゅく》』にも　見定めるはかなわず
汝の育みし紅蓮《ぐれん》の炎
すべての邪悪を焼きつくし
総《そう》じて六星あらゆる他を圧し　制するはあたわず
そして
汝ら　天を滅ぼす『破《は》』と成らん

六つの星は
五つまで集まったようです
……………
…
…
…

西方《せいほう》将軍《しょうぐん》
広目天《こうもくてん》様……
夜叉王《やしゃおう》に
討《う》たれ
お亡くなりに
……
……
広目天《こうもくてん》……
役に立たぬ奴よ
しかし四天王《してんのう》の一人が
敗《やぶ》れるとは……
由々《ゆゆ》しき
事態です
よい
所詮《しょせん》
使い捨てよ

お変わりになりませんな
貴方《あなた》にとってはすべてのものがご自分の望みを叶《かな》えるための……
道具でしかない
望むものを手に入れるためなら幾千幾万《いくせんいくまん》の血が流れようが意に介《かい》されることもない
貴方が先帝に反逆《はんぎゃく》した時からずっと
私は貴方について来ました
貴方と共に戦い貴方と共に生きてきた

けれど
私には
わからない
…………
貴方《あなた》が心から
何を望み
何を欲して
いたのか
未《いま》だにはっきり
とはわからない
のです
貴方は
三百年前から
何を望み
なんのために戦って
いらっしゃるのですか?
余《よ》の真《しん》に
欲《ほっ》するものは
永遠に
この手に入らぬ
ものだ

やはり
この天界の覇権《はけん》を欲《ほっ》していらっしゃったわけではなかったのですね
いや……
この天界を手に入れることも
余の望みへの道筋《みちすじ》
道筋《みちすじ》……？
余には『守りたいもの』があるのだ
ただ一つだけ

やはり
あの方の望みは
この天界の支配では
なかったようですね
どうしますか
般羅若《はんらにゃ》
それを知っても あの方に
お仕《つか》えしますか？
般羅若《はんらにゃ》
……
私があの方に
お仕えするのは
あの方が天帝《てんてい》だから
ではありません
そうでしたね
貴方はまだ地位も
名誉も何も持たなかった
帝釈天《たいしゃくてん》様に仕えるために
……

その顔を犠牲《ぎせい》に
姉・九曜《くよう》に匹敵《ひってき》する
力を手に入れた
一つの時代に『星見《はしみ》』が二人
並び立つことはない
だけど私は
力が欲しかった
九曜姉様の
ような力が
どうしても
欲しかった

あの方のための力が……
私も同じです
あの強さに
心を奪われたのですから
そのために愛する人の微笑をもう二度と目にすることがなくなっても……

それでも私は あの方についていくと 決めたのです
せっかくお誘いしたのに 危ない目にあわせて しまって
すみません でした
どこもお怪《け》我《が》をなさって いませんか?

誰か人を……
大丈夫ですから
にっこり
今日ご覧《らん》になったことを父上に話されますか？
いえ……！
夜叉王《やしゃおう》と迦楼羅王《かるらおう》 そして私の兄上のこと……ですか
迦楼羅王《かるらおう》も夜叉王《やしゃおう》も私の古くからの友人
父君……
天帝 帝釈天様に逆らい生きながらえるとは思っておりません
ですが

うるるん
一日でも長く生きていて欲しいと願う私を
天王様《てんおうさま》はおろかだとお笑いになりますか？
乾闥婆王《けんだっぱおう》……
どうか今日のことは胸にしまっておいてくださいませ
今日見たことはすべて私と天王様《てんおう》の胸の内に……
すみません
なんのお力にもなれなくて……
貴方《あなた》のご友人を救えない私の無力をお許しください
私に父上をお諫《いさ》めできる力があれば……
さすがにびっくり

では私からも お願いがあります
『阿修羅《あしゅら》』のことを 黙っていて欲しい のです
阿修羅族《あしゅらぞく》はこの 天界最大の禁忌《きんき》
しかし……あの方は 私の兄上です
この世で たった一人の ……
天王様《てんおうさま》は 本当にお優しい んですわね
にこー
私とは 正反対
私とは本当に 正反対ですわ
そ そんなこと ありません
まっか
いいえ

そんな……
スッ
二人だけの秘密ですわね
悪党
今日は本当にありがとうございました
あの……
おやすみなさいませ
あの!
求婚《きゅうこん》の……
今日の返事を……

乾《けん》闥《だつ》婆《ば》王《おう》……
蘇《そう》摩《ま》……
やはりさけられない運命なんですの……
貴方《あなた》の死ぬところを見るのは絶対にいや！
でも……

貴方《あなた》は絶対に帝釈天《たいしゃくてん》を討《う》つことはできないの
できないのよ……
皆を集めたのは他でもない
かねてから我が世を騒《さわ》がせておる逆賊《ぎゃくぞく》『六星《ろくせい》』とやらがこの善見城《ぜんみじょう》を襲撃してくるらしい

……般羅若《はんらにゃ》がそう予言した
『六星《ろくせい》』とは我が世を滅《ほろ》ぼし余を殺すものだそうだ
四天王《してんのう》 広目天軍《こうもくてんぐん》も六星《ろくせい》の前に敗れ去り
西方将軍《せいほうしょうぐん》 広目天《こうもくてん》も謀反人《むほんにん》 夜叉王《やしゃおう》の刀の錆《さび》になったようだ
いやああああ

お父様！　お父様！
多摩羅《タマラ》様……！
お気を確かに……！
四方の守護神《しゅごしん》
四天王《してんのう》の一角が
崩《くず》れたわけだが……
四天王《してんのう》残り三人
倒せるか？
天界最強の
武神将《ぶしんしょう》と六星《ろくせい》を

広目天《こうもくてん》も口ほどにもない
情けないこと
ですが天帝《あなた》
四天王は後二人では？
ザワザワザワ
毘沙門天《びしゃもんてん》
増長天《ぞうちょうてん》
もう一人は……
姿さえ見せませんものねえ
四天王《してんのう》配下の
武神将《ぶしんしょう》も今や
東の武神将のみ
それとて
今まで空席のはず
先代亡《な》き後……
こんなことで阿修羅《あしゅら》を殺せるんですか？
母上……！
案《あん》ずるな
いでよ

東方将軍《とうほうしょうぐん》
持国天《じこくてん》

オオ……
あれは
楽師《がくし》の君《きみ》……
乾《けん》闥《だつ》婆《ば》王《おう》……!!

チャッ
楽師《がくし》の君《きみ》が四天王《してんのう》の一人
東方将軍《とうほうしょうぐん》 持国天《じこくてん》

『六星《ろくせい》』が
この城へ来る
西方将軍《せいほうしょうぐん》広目天《こうもくてん》は敗《やぶ》れた
そなたの出番だ
乾闥婆王《けんだっぱおう》
『六星流れ落つる そは天に背《そむ》く 闇星《やみぼし》なり』
フフッ 星見《ほしみ》の予言とは 違《たが》えぬものよな
しかし余《よ》は このまま予言どおり 滅《ほろ》びる訳《わけ》にはいかぬ
……いや
『東方将軍《とうほうしょうぐん》 持国天《じこくてん》』

『六星』の一人 夜叉王《やしゃおう》は そなたとは 古くからの友人
討《う》てるか？ 夜叉王《やしゃおう》を
私は強い人が好き ……
でも 強い人と戦うのは
もっと好きですわ
天界 最強の 武神将《ぶしんしょう》
北の 夜叉王《やしゃおう》
東の武神将も その身一つに 兼任《けんにん》する実力の 持ち主……
影の四天王 持国天《じこくてん》

三百年前の聖戦《せいせん》の折《おり》
先帝の四天王《してんのう》 持国天《じこくてん》が
余《よ》に討《う》たれて以来
そなたが幼《おさな》い身で『持国天《じこくてん》』と
なったことは 余と毘沙門天《びしゃもんてん》以外
知る者はなかったが
おそらくその力は
四天王《してんのう》中最強……
久しぶりに
その剣技《けんぎ》で
余を楽しませてくれ
帝釈天《たいしゃくてん》様
最近退屈
なさっている
ご様子でしたもの
よろしいですわ

存分にご覧《らん》なさいませ

ザワーザワ
そんな馬鹿なことってないわ!!
ザワ
その女がお父様と同じ四天王ですって!?
楽師風情《ふぜい》が大きな顔をして……ふさわしくないわよ!
多摩羅《タマラ》殿お口が過ぎます!!
おまえのような下賤《げせん》の者が持国天《じこくてん》であるはずないわ
放して!
放してよ!
よかろう
皆《みな》の者も知りたいであろう
持国天《じこくてん》の力
示してやるがよい そなたの力

そなたこそが
四天王　持国天《じこくてん》を
名乗るにふさわしき者で
あるという証《あかし》を立てよ
増長天《ぞうちょうてん》
そなたが
相手を務《つと》めよ
おいおいおい
俺がかぁ～～～!?
しかし……
武人《ぶじん》として四天王の一人
持国天《じこくてん》の実力は
見てみたい……

わあぁっ
きゃあぁ
強い…!
強いわ あの女
お父様と同じくらい
いえ それ以上!!

こいつぁ すげえや
本気出さねぇと
こっちがやられる
さすがは
増長天《ぞうちょうてん》様

バタ
バタ
バタ
乾《けん》闥《だっ》婆《ぱ》王《おう》
乾《けん》闥《だっ》婆《ぱ》王《おう》が
東方《とうほう》将軍《しょうぐん》
持国天《じこくてん》!!!

そこまで!!
双方
引くが良い!!
充分だ
皆も
よくわかった
であろう

ここが帝釈天《たいしゃくてん》のいる

善《ぜん》見《み》城《じょう》

ほら——っ
さっさと行って
帰って来ようぜ
ん？
待て 龍王《りゅうおう》

このまま　我らと共に 善見城《ぜんみじょう》へ行けば
おまえは完全に謀反人《むほんにん》と なるだろう
我らには天帝《てんてい》 帝釈天《たいしゃくてん》に対する 私怨《しえん》がある
だがおまえは違う 守るべき民《たみ》も国もある
神族《しんぞく》の王《おう》の務《つと》めは 一族のために戦い 生きること
龍宮《りゅうぐう》には おまえの帰りを待つ 龍一族《りゅういちぞく》がいる
守るべき者が 待っている
今なら間に合う 龍宮《りゅうぐう》に帰れ
帰っておまえの務めを果たせ ……龍王《りゅうおう》

ここから先へおまえは踏み込んではならない
そりゃないぜ夜叉王《やしゃおう》
修羅刀《しゅらとう》が示したろう俺だって『六星《ろくせい》』の一人だぜ
それに帝釈天《たいしゃくてん》のことだもう俺が夜叉王《やしゃおう》率《ひき》る謀反人《むほんにん》一味に加《くわ》わってるって知ってるよ
俺は龍族《りゅうぞく》の王だ
だからこそ一緒《いっしょ》に旅を続けて来た奴らを見捨《みす》てて逃げ帰るなんて絶対《ぜったい》できない
一度決めた道を放《ほう》り出すような王を一族の誰も認めないだろう

だから
俺は
俺が決めたとおりに
生きる
それが俺の
生き方だ
夜叉王《やしゃおう》
今は帝釈天《たいしゃくてん》を
討《う》つことだけを
考えろ
その後
俺との決着を
つけるんだからな
忘れるなよ
夜叉王《やしゃおう》

龍《りゅう》ちゃん
それに
俺がいなきゃ
おまえ誰から
えさ
もらうんだ？
ぶん
ぶん
それとも何か？
俺を
追い返すのか？
ぐしゃ
ぐしゃ
わっ
一緒に
いたい
でも……
阿修羅《あしゅら》……
龍《りゅう》ちゃんには
いつも元気で
笑っていて欲しいよ

ぽんぽん
大丈夫だ
俺は強い
俺が
おまえを
守ってやるよ
コクン…

阿修羅《あしゅら》!?
修羅刀《しゅらとう》が!?

阿修羅《あしゅら》!?
六星《ろくせい》
最後の星

乾闥《けんだっ》婆王《ばおう》……!?
乾闥《けんだっ》婆王《ぱおう》が!?
まさか……!!
六星《ろくせい》!?
しかし楽師《がくし》の君《きみ》が何故《なぜ》甲冑姿《かっちゅうすがた》なんだ!?
天命《てんめい》が定《さだ》めたる星宿《せいしゅく》集《つど》う
時《とき》は満《み》ちた予言《よげん》の成就《じょうじゅ》は近《ちか》い

星の指《さ》し示《しめ》す
ままに行け
行って
汝《なんじ》らの求《もと》むるものを
得《え》よ
善見城《ぜんみじょう》!?
乾闥婆王《けんだつばおう》は
善見城《ぜんみじょう》にいるのか!?
やった!
好都合だぜ!!
我《わ》が王《きみ》……

阿修羅《あしゅら》……
乾闥婆王《けんだっぱおう》が『六星《ろくせい》』の一人……
大丈夫か?
……うん
『予言の成就《じょうじゅ》は近い』
『行って汝《なんじ》らの求むるものを得よ』

いよっしゃあ！
善見城《ぜんみじょう》へ突入《とつにゅう》だ！
乾闥婆王《けんだっぱおう》と合流して
星見《ほしみ》の予言どおり天帝《てんてい》 帝釈天《たいしゃくてん》を倒す！
行こう！

ザワ
ザワ
そんな……
吉祥天様《きっしょうてんさま》……
そんな馬鹿《ばか》なことが……
乾闥婆王《けんだっぱおう》が四天王《してんのう》 持国天《じこくてん》であったとは……
では何故《なぜ》じゃ……!

何故《なぜ》帝釈天《たいしゃくてん》に追われた
蘇摩《そうま》を匿《かくま》ったのじゃ
何故妾《わらわ》のもとへ預《あず》けた
それに
それほどに大切なものならば
何故《なぜ》あの時
帝釈天《たいしゃくてん》を討《う》とうとする
夜叉王《やしゃおう》のもとへ
黙《だま》って行かせた
何故……？
持国天《じこくてん》
増長天《ぞうちょうてん》
毘沙門天《びしゃもんてん》
今一度問《と》う
『六星《ろくせい》』を打ち
倒せるか？

六星《ろくせい》どもに会うのが楽しみよな
ドッ

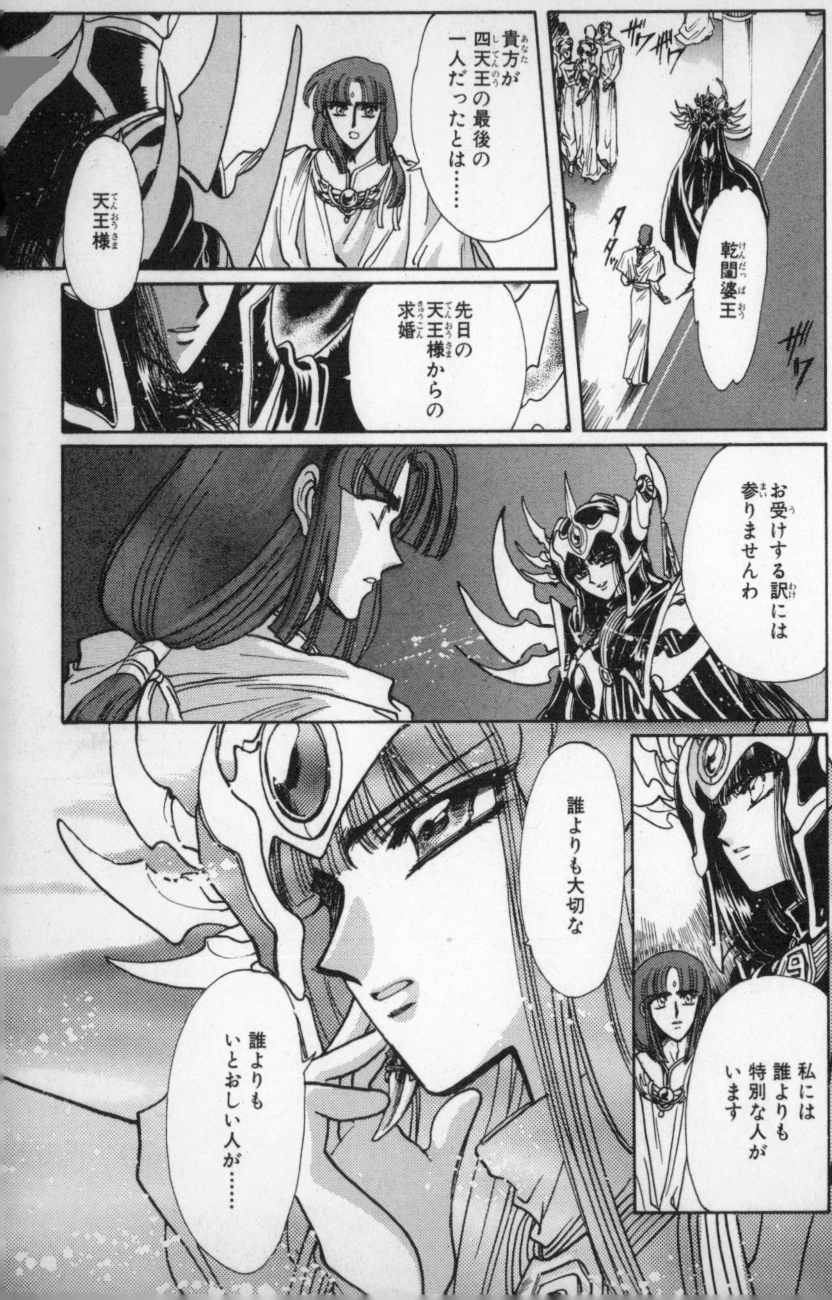
ザワザワ
タタッ
乾闥婆王《けんだつばおう》
ザワ
貴方《あなた》が四天王《してんのう》の最後の一人だったとは……
天王様《てんおうさま》
先日の天王様《てんおうさま》からの求婚《きゅうこん》
お受《う》けする訳《わけ》には参《まい》りませんわ
私には誰よりも特別な人がいます
誰よりも大切な
誰よりもいとおしい人が……

そう……ですか……
では その方と
お幸せになられることを 祈《いの》っています
乾《けん》闥《だつ》婆《ば》王《おう》!?
幸せになるのは 無理ですわ
だって
これからその人と 殺し合わねばならないんですもの

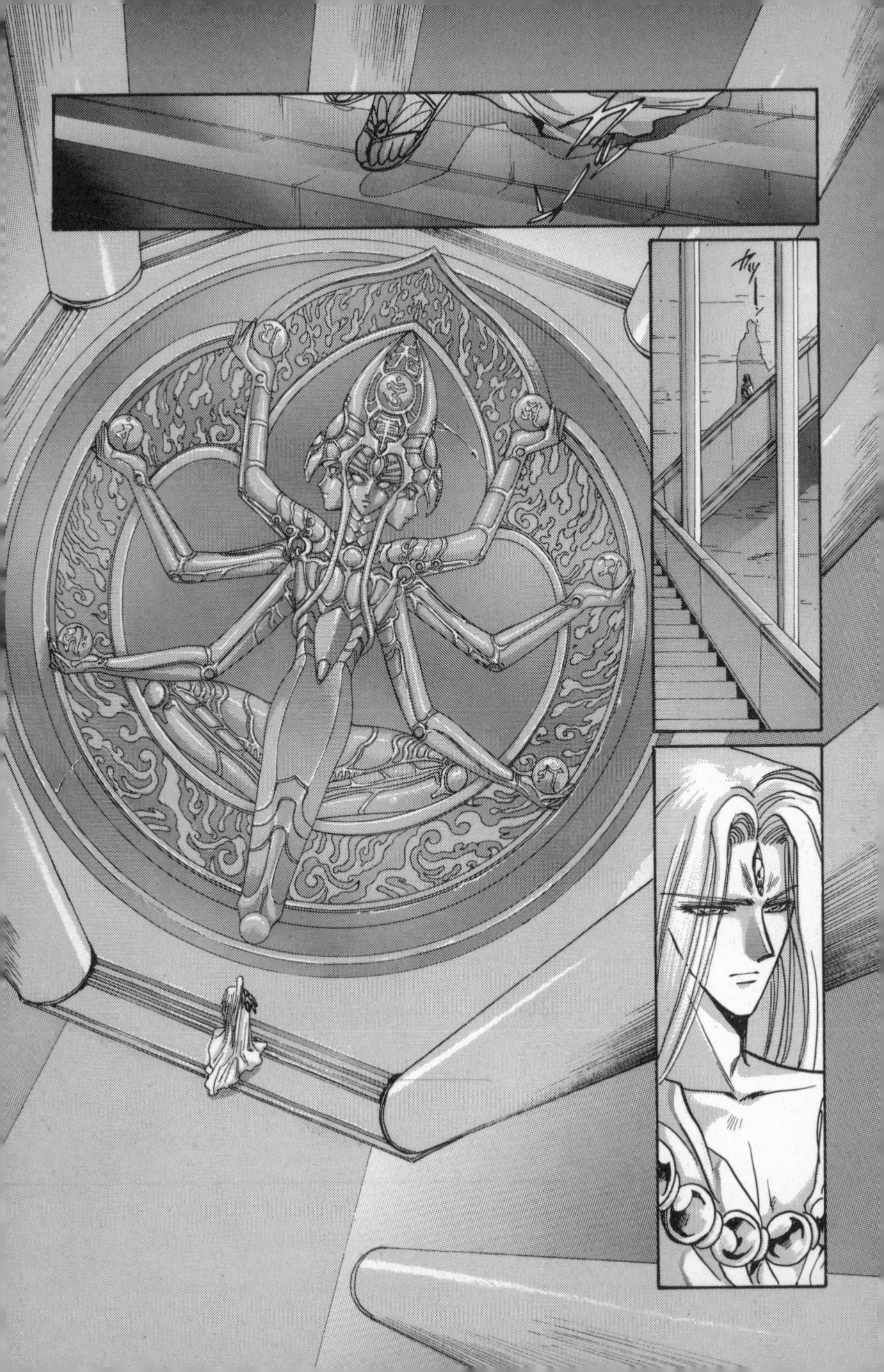
カツーン

これは阿修羅城《あしゅらじょう》への通路
何奴《なにやつ》……
善見城《ぜんみじょう》と対《つい》を成《な》し水面に映《うつ》る阿修羅城《あしゅらじょう》
でも本当にそこにある訳《わけ》じゃない
この世ならぬ遠い異空間にある阿修羅城《あしゅらじょう》の虚像《きょぞう》が
あたかもそこにあるように見えるだけ
天界《てんかい》と阿修羅城《あしゅらじょう》をつなぐのはこの通路のみ
しかもこの通路はある特定の者しか通れないときてる

手が届きそうで届かない
切《せつ》ないねえ
紫の瞳
魔《ま》族《ぞく》か？
ハズレ 正確には違います
黒い翼……？
一緒《いっしょ》にしたら魔《ま》族《ぞく》のほうがかわいそうだ

貴方《あなた》と同じように『魔族《まぞく》にも劣《おと》る行《おこな》い』をした者ですよ
ほら堕天《だてん》の刻印《しるし》があるでしょう

貴方《あなた》はある人と
ここで約束した
三百年前
そして
その約束を
守るためだけに
生きてきた

天地開闢《てんちかいびゃく》以来
違《たが》えたことのない
『星見《ほしみ》』の予言
その最後の『星見《ほしみ》』九曜《くよう》の
予言した『星宿《せいしゅく》』が成就《じょうじゅ》されるか
否《いな》か

それを見届けるためにここにいる
おまえは
何者だ？

以前
ここに住んでいた者ですよ
……始まりましたね

夜魔《やま》
天狼剣《てんろうけん》!!

運命《さだめ》の輪は
まわり始めた

海王《かいおう》——陣《じん》！
止《と》めろ！
先には行かせるな!!
ご報告《ほうこく》致《いた》します！
謀反人《むほんにん》 夜叉王《やしゃおう》が 阿修羅《あしゅら》の御子《みこ》と 仲間三名を伴《ともな》い 善見城《ぜんみじょう》の門を 破りました！
次々と我が軍を打ち破り 間《ま》もなくこの広間《ひろま》にまで 踏《ふ》み込《こ》まれるは必定《ひつじょう》！
四天王様方《してんのうさまがた》 どうか 迎撃《げいげき》のご指示《しじ》を！

あの子が……
あの忌《い》まわしい子が私を追って来る!!
私を殺しに……!
必ずここでくい止めるのです 良いですね 四天王《してんのう》
そなたらの務《つと》めを果たさずにおめおめと引くことは許しませんよ!
舎脂様《しゃしさま》…
母上?
母上!!
お待ちください!!
阿修羅《あしゅら》!!
舎脂様《しゃしさま》!
母上……
舎脂様《しゃしさま》!!

ザワザワ
ザワ
吉祥天《きっしょうてん》……
四天王出陣《してんのうしゅつじん》！
天帝《てんてい》の世《よ》を乱《みだ》す者《もの》は
我《われ》らが滅《ほろ》ぼす！

久《ひさ》しぶりですね 北《きた》の夜叉王《やしゃおう》
ですが ここから先へは行かせません

我《われ》ら
四天王《してんのう》
盟約《めいやく》を交《か》わした時より
この身《み》　この命《いのち》は
天帝《てんてい》の御世《みよ》を
守る剣《けん》と盾《たて》
天帝《てんてい》に会いたくばまず
我《われ》らを倒《たお》せ！
何!?
共鳴《きょうめい》!?

六星《ろくせい》がそろった
天《てん》に背《そむ》く闇星《やみぼし》
汝《なんじ》ら天を滅《ほろ》ぼす
『破《は》』と成《な》らん

ククク……長かったぞ
やっとここまで来たか……
予言《よげん》の成就《じょうじゅ》まであとわずか
阿修羅《あしゅら》!?
手はじめに
阿修羅《あしゅら》!
裏切者《うらぎりもの》を血祭《ちまつ》りに上げてやる
阿修羅族《あしゅらぞく》の神女《みこ》として最後の務《つと》めを果《は》たしてもらうぞ
阿修羅《あしゅら》!
母上《ははうえ》!!

阿修羅《あしゅら》!?
もう一人の『阿修羅《あしゅら》』か？
俺が追う！
龍王《りゅうおう》!?
夜叉王《やしゃおう》たちは乾闥婆王《けんだっぱおう》を!!
乾闥婆王《けんだっぱおう》……
力を貸《か》してくれ
おまえは九曜《くよう》の予言《よげん》した六星最後《ろくせいさいご》の星
おまえの力が揃《そろ》わねば予言は成就《じょうじゅ》されない
おまえの力が必要なのだ

共《とも》に帝釈天《たいしゃくてん》を倒《たお》そう!!
乾闥婆王《けんだっぱおう》……!!
いいえ……
それはできませんわ
我《わ》が君《きみ》!!
あなた方謀反人《むほんにん》は私が抹殺《まっさつ》します
天帝《てんてい》の御世《みよ》を乱《みだ》す者《もの》を滅《めっ》することこそ我《わ》が役目《やくめ》
なぜなら

私が東方将軍《とうほうしょうぐん》持国天《じこくてん》だから
東方将軍《とうほうしょうぐん》持国天《じこくてん》!?
そんな!?
乾闥婆王《けんだっぱおう》!!

呼んでいる
修羅刀《しゅらとう》の
呼び声が
鼓動《こどう》が
最後《さいこ》の封印《ふういん》の
在《あ》りかを教えてくれる
そこにいますね　母上

来る……っ！
舎脂《しゃし》様《さま》
あの子が来るわ……！
私を追って!!
私を殺しに来るううっ!!
助けてぇ！
母上……！

どれほど
この時を待ったことか
阿修羅《あしゅら》!!
私を捨て阿修羅《あしゅら》族《ぞく》を裏切った女
舎脂《しゃし》
兄上
お久《ひさ》しゅう
母上

阿修羅《あしゅら》!!
い……
ああああ
四天王《してんのう》は何をしているの!?
その穢《けが》らわしい子を私に近づけないで!

何故《なぜ》おまえがここにいるの!?
おまえは……おまえは……あの森で……!!
ゴオオオオオオオ
あの森で
おまえは私を殺《ころ》そうとした
な……ぜ……
それを知って……!?
私がおまえの罪《つみ》を暴《あば》く者だから……
そう
な……
どんなに目を閉《と》ざしても
おまえの罪はそこに在《あ》る
どんなに耳をふさいでも

おまえの罪を問《と》う声はやまない……
おまえが裏《うら》切《ぎ》りおとしいれ……滅《ほろ》ぼした我《わ》が一族《いちぞく》
阿修羅族《あしゅらぞく》の恨《うら》みの声はやまない
己《おの》が仕《つか》える一族を裏切った罪
王《おう》の妃《つま》でありながら敵の将《しょう》と通じた罪
一族抹殺《いちぞくまっさつ》に手を貸《か》しあまたの命を失わせた罪
神女《みこ》でありながら次代《わたし》の王を殺害せんとした罪
そして

母でありながら我が子を
手に掛《か》けんとした
子殺《こごろ》しの罪!!
知っているはずない……
あの時……まだ目も
開《あ》かぬ
赤児《あかご》だったのだもの
知っている
はずが……
目《め》も開《あ》かぬ
赤児《あかご》だったから?
私が知らぬと
わからぬと
思うてか
この
うつけが!!

化物《ばけもの》!
化物よ!!
おまえなんかが私の子であるはずがない!
私の行《い》く手《て》を阻《はば》む邪魔《じゃま》な
穢《けが》らわしい化物!!
忌《い》むべき子!!
誰か……!!
殺して……っ!

愚《おろ》か者が
あ…兄上《あにうえ》！
お待ちください
お気持ちは わかりますが……！
天王《てんおう》……
母上を討《う》たれたとて 何《なに》になりましょう
これでは罪《つみ》に罪を 重《かさ》ねるのみ
兄上のおためにも なりますまいに！
おお 天王《てんおう》 天王《でんおう》！
そなただけです 私の愛《いと》しい子は！

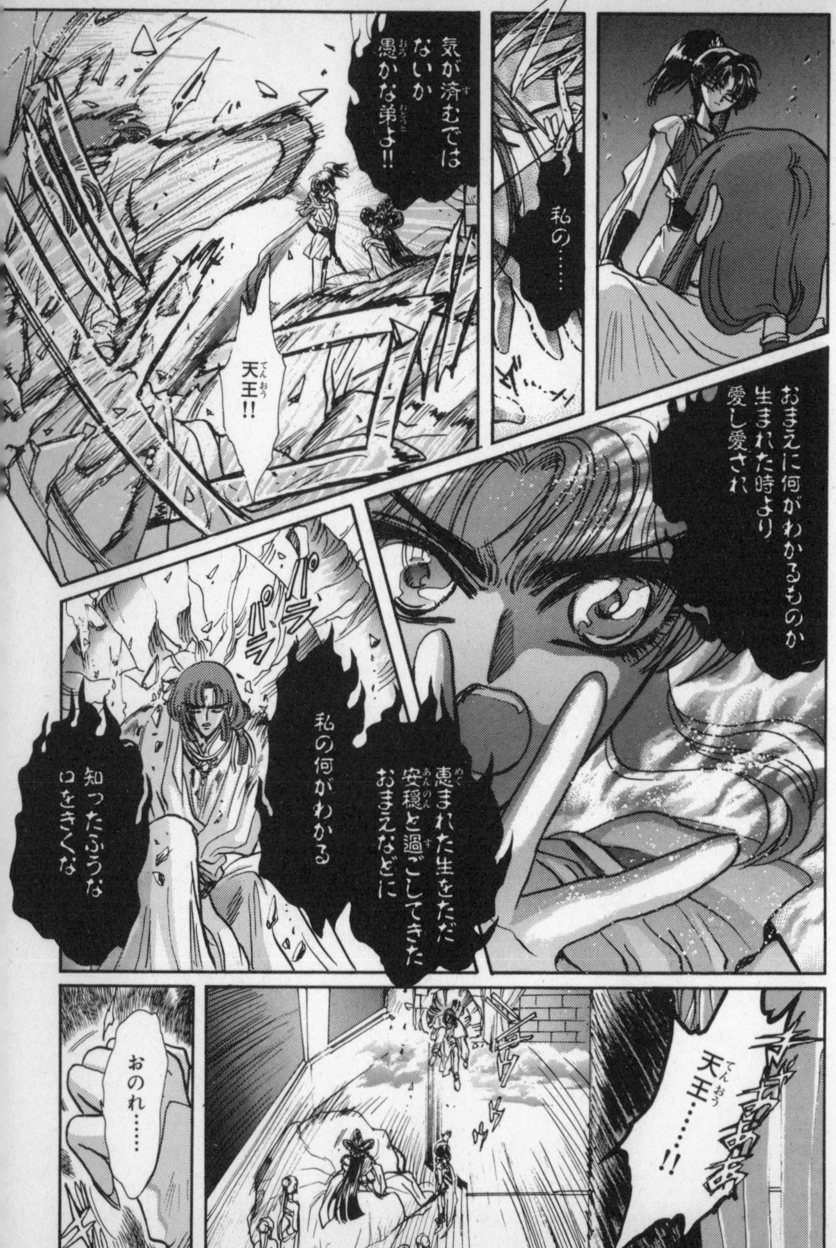
私の……
気が済《す》むではないか
愚《おろ》かな弟《おとうと》よ!!
天王《てんおう》!!
おまえに何がわかるものか
生まれた時より
愛し愛され
恵《めぐ》まれた生をただ
安穏《あんのん》と過《す》ごしてきた
おまえなどに
私の何がわかる
知ったふうな
口をきくな
天王《てんおう》……!!
おのれ……

誰か
この子を殺して!!
この化物《ばけもの》を
私の前から
消して!!

あ…に…う…え
やめてください！
兄上《あにうえ》……!!

あ…しゅ…ら……
あ…兄……上…
これに覚《おぼ》えはありませんか
母《はは》上《うえ》……

そう……この第一《だいいち》の封印《ふういん》の鍵《かぎ》は
母上《ははうえ》の姉迦羅《カーラ》の額《ひたい》にあったもの
そして……
こちら側《がわ》の第二《だいに》の封印《ふういん》の鍵《かぎ》は
母上《ははうえ》のその額《ひたい》に……
オオオオ
さあ返して頂《いただ》こうか 母上《ははうえ》
修羅刀《しゅらとう》の完全な復活《ふっかつ》のために

母《はは》…う…え
ズリ
メリメリーッ
グルッ
ひぃぃぃっ

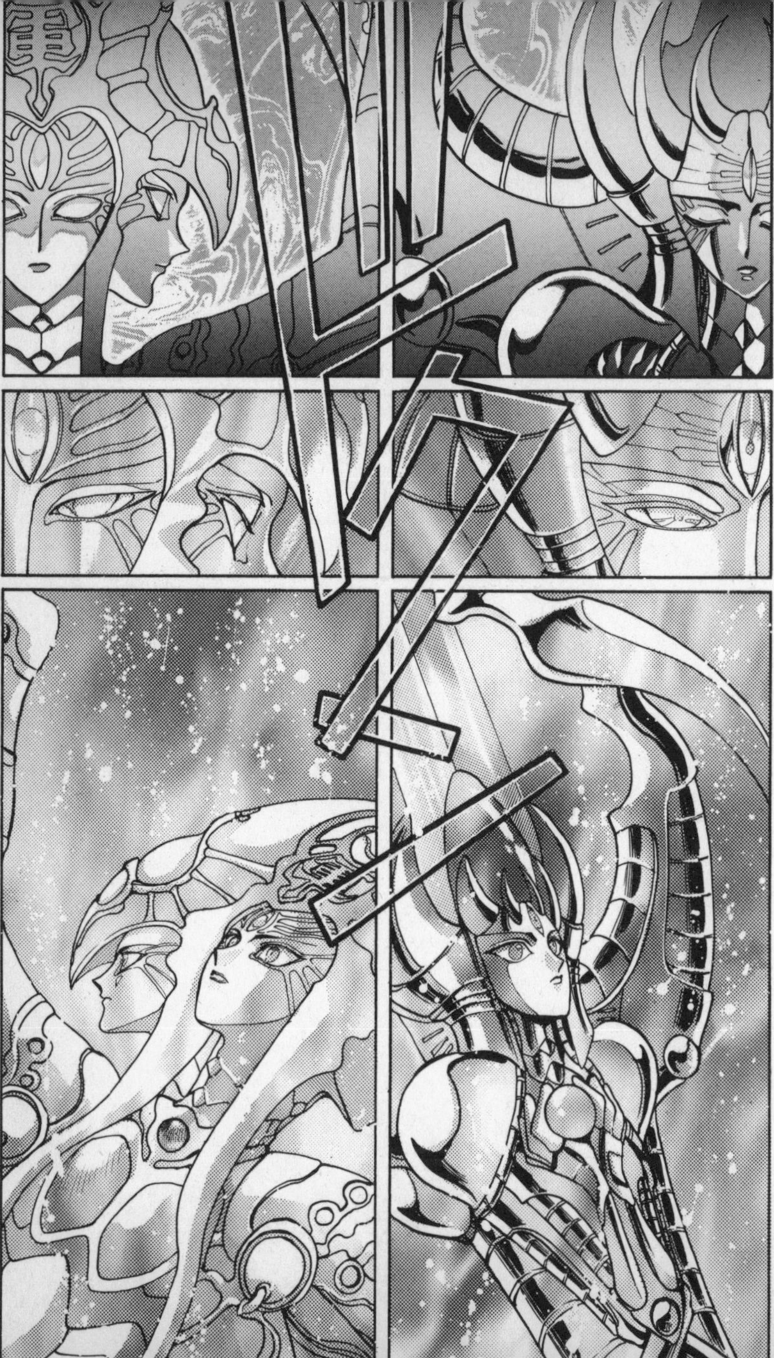

ぎゃあああ
目覚《めざ》めたぞ

修羅刀《しゅらとう》の最後の封印《ふういん》は解《と》け
阿修羅《あしゅら》の封印《ふういん》も解《と》ける
今……

夜摩刀《やまとう》が……
共鳴《きょうめい》している……
阿修羅《あしゅら》!!
どこを見ている
夜叉王《やしゃおう》

毘沙門天《びしゃもんてん》……
貴様《きさま》に滅《ほろ》ぼされた一族の恨《うら》み
今こそ晴らす!!

どうしました蘇摩《そうま》 防戦《ぼうせん》一方とは双月《そうげつ》が泣いてますよ
我《わ》が君《きみ》……
私には貴方《あなた》と戦うことなど……できません……
蘇摩《そうま》……

ボタ…ッ
私は弱い人は嫌《きら》いです
我《わ》が君《きみ》……

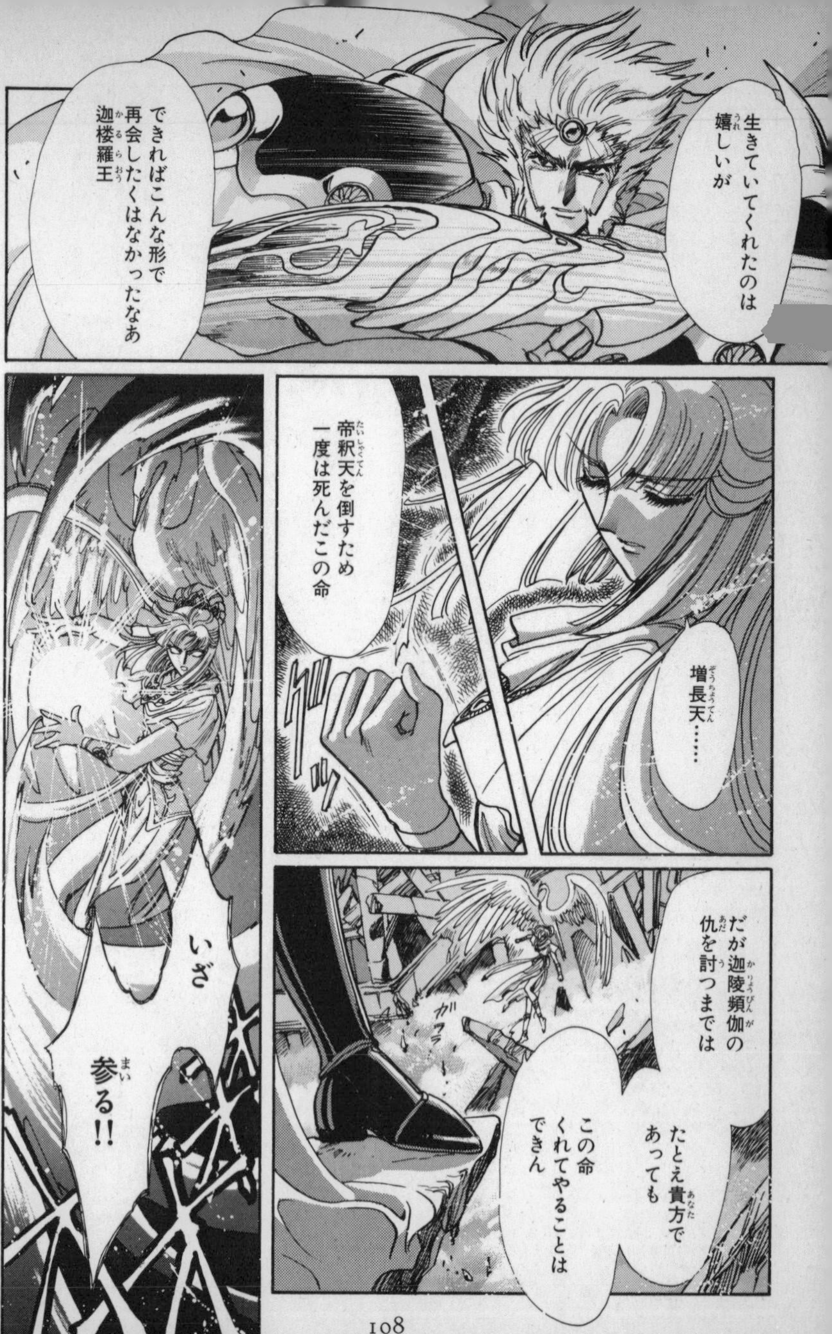

生きていてくれたのは
嬉《うれ》しいが
できれば
再会したくはなかったなあ
こんな形で
迦楼羅王《かるらおう》
増長天《ぞうちょうてん》……
帝釈天《たいしゃくてん》を倒すため
一度は死んだこの命
だが迦陵頻伽《かりょうびんが》の
仇《あだ》を討《う》つまでは
たとえ貴方《あなた》で
あっても
この命
くれてやることは
できん
いざ
参《まい》る!!

吉祥天様《きっしょうてんさま》!!
お早く……!
吉祥天様《きっしょうてんさま》
ここは危《あぶ》のうございます
ああ…私は……なんと愚《おろ》かな……
先の天帝《てんてい》の一人娘《ひとりむすめ》として帝釈天《たいしゃくてん》を討《う》つよう夜叉王《やしゃおう》に力を貸しておきながら
人質同然《ひとじちどうぜん》の妻とわかっていても
気がつけばこんなにも貴方のことを……毘沙門天《びしゃもんてん》……!!

修羅刀《しゅらとう》の封印《ふういん》が……解《と》けた……
阿修羅城《あしゅらじょう》との通路が開いてしまう
九曜姉様《くようねえさま》……
やはり貴方《あなた》の『星見《ほしみ》』は現実となってしまうのですね
星を読み天界《てんかい》の行《ゆ》く末《すえ》を予言《よげん》する『星見《ほしみ》』
星見《ほしみ》の予言《よげん》は
成就《じょうじゅ》されるべき運命
約束された絶対的《ぜったいてき》な明日

誰も逆《さか》らうことはできない
わかっていた……
わかっていたのに……
それでも
私は……

阿修羅《あしゅら》!!
なんだ
こりゃ……!
おいっどうした
何があったんだ!?
う……
うう…
ぐす…っ
しゃ……
舎脂様《しゃしさま》が……!

阿修羅《あしゅら》の母上《ははうえ》!?
う…
誰が……こんな……
兄上《あにうえ》……
兄上《あにうえ》が……

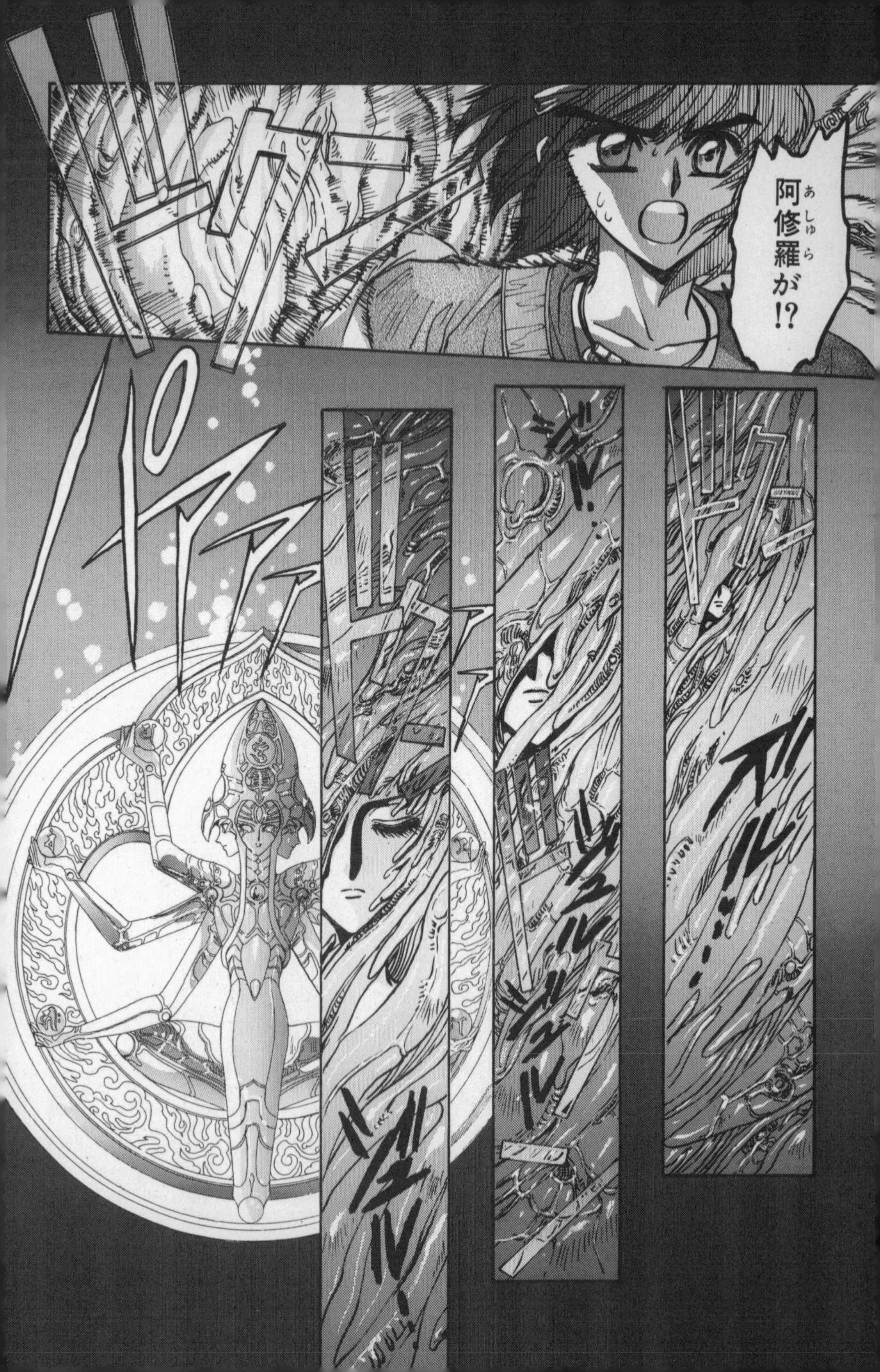
阿修羅《あしゅら》が!?
パァァァァ

カァァァァ
阿修羅《あしゅら》城《じょう》への通路《みち》が開いたようだ
阿修羅《あしゅら》が目覚《めざ》めた
これで『星見《ほしみ》』の予言《よげん》が本当に変えることができない運命なのか
果《は》たして阿修羅《あしゅら》と夜叉王《やしゃおう》に運命を打《う》ち破《やぶ》ることができるかどうか
確かめられる

ズルル…
ズル！…
あ…
ズ…
ああ……

あれは……

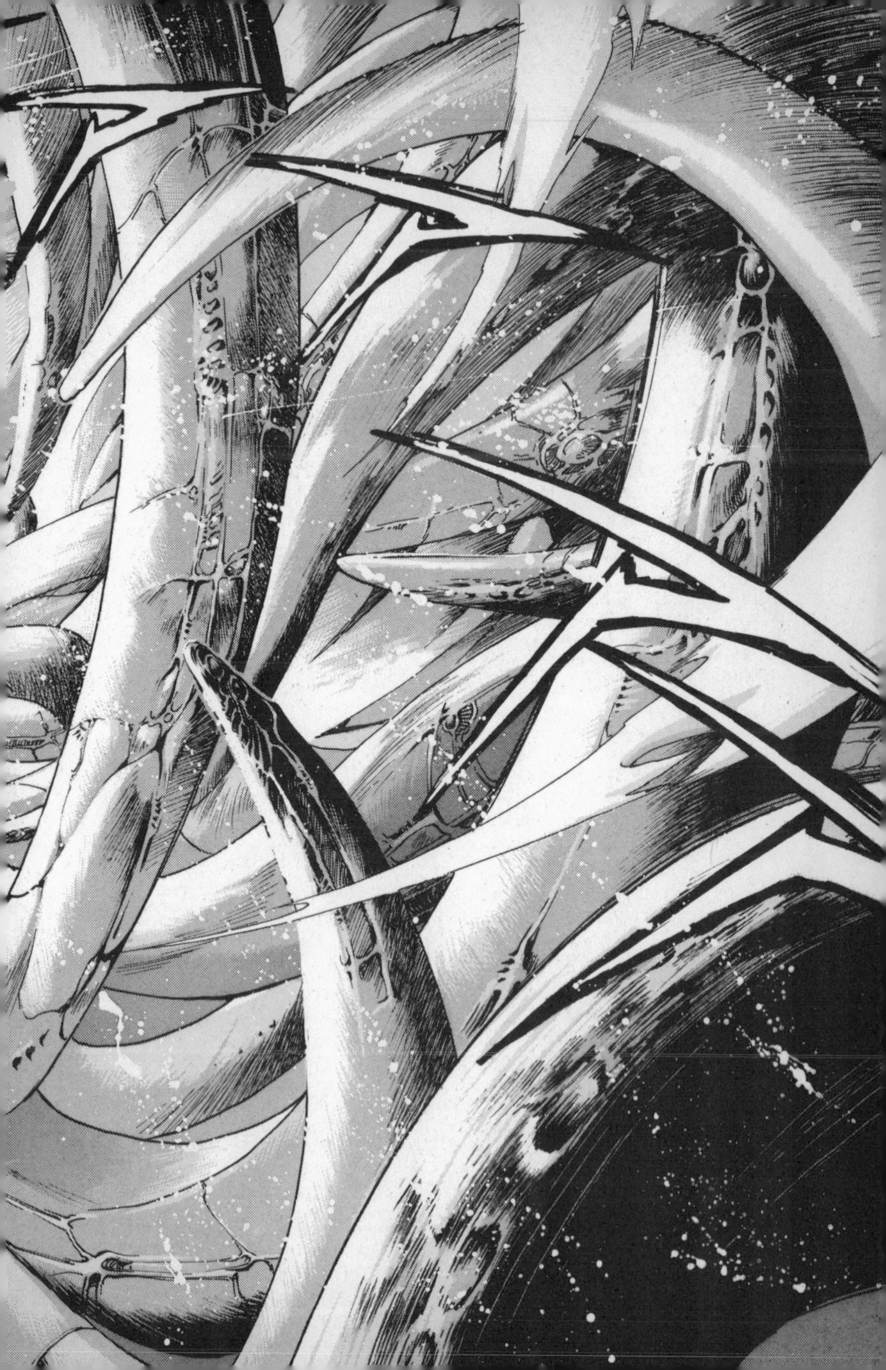

阿修羅《あしゅら》!?
おまえは
阿修羅《あしゅら》なのか!?
封印《ふういん》が解《と》け
私はあるべき姿となった
……私が
阿修羅《あしゅら》……!

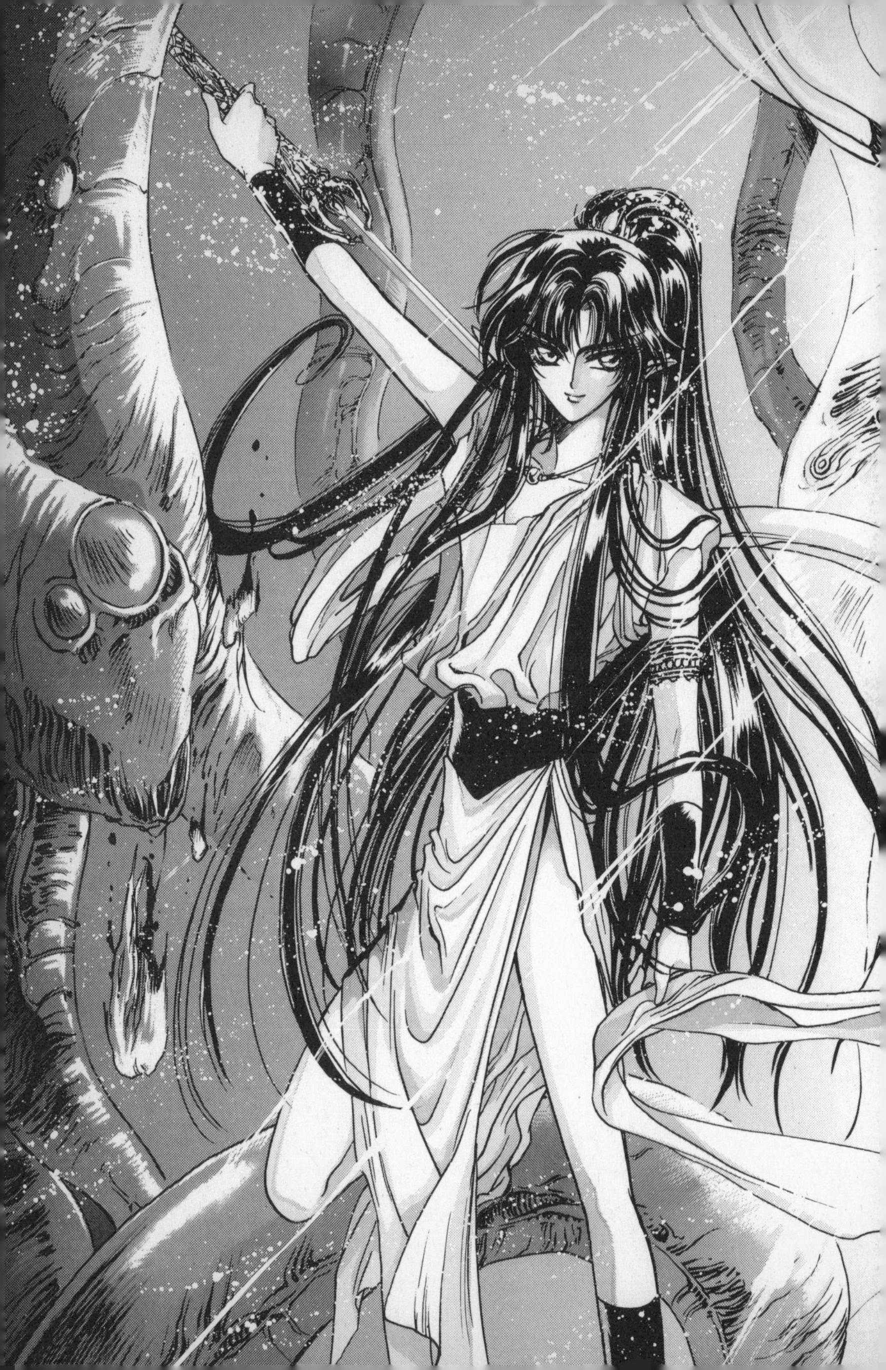

おまえが……殺したのか!?
自分の母上《ははうえ》を……!!
そう…だと言ったら……?
何故《なぜ》だ!?
あんなに会いたがっていたじゃないか!?
自分が何したかわかってるのか!?
ああ……
兄上《あにうえ》……おやめください!

阿修羅《あしゅら》!!

あ…しゅ…ら……
カリッ

ごめ……
ごめ…んな
約…束…
したのに……
阿修羅《あしゅら》

俺……

……おまえを守れなくて……
……ごめんな　阿修羅《あしゅら》……

ドザッ

この善見城《ぜんみじょう》にいる者 すべてを血祭《ちまつ》りに上げ
天界《てんかい》を劫火《ごうか》で 焼きつくしてやる

この『気』は……
龍王《りゅうおう》……!?
たった今
龍王《りゅうおう》の『気《き》』が消えた!!
まさか……

龍王《りゅうおう》が死んだ!?

むごい……ことを…
母上を
恨《うら》んでいらっしゃったのは
わかります……
私を許《ゆる》せぬのなら
この命も
お取りになればよい……
しかし
その方《かた》は……
大切なお仲間《なかま》では
なかったのですか?

何故《なぜ》……
そんな大切な方《かた》にまでむごい仕打《しう》ちを……
一体《いったい》 何がお望みなのですか……兄上……
我《わ》が望みは……
一切《いっさい》の破壊《はかい》

な……！
阿修羅族《あしゅらぞく》は『闘神《とうしん》』
元来《がんらい》慈悲深《じひぶか》い存在ではない
修羅刀《しゅらとう》の『封印《ふういん》』を完全に解かれた阿修羅族《あしゅらぞく》の王《おう》は破壊《はかい》と殺戮《さつりく》の本能のみで動く
そんな……
先代の阿修羅王《あしゅらおう》は天帝《てんてい》と共《とも》に天界《てんかい》を守っていたはず……
それは父上の内に眠る血の封印《ふういん》が完全に解《と》かれていなかったから

キャアア
天王様《てんおうさま》！

ああああああ
殺しはしない
おまえに
これから起《お》こることを
見届《みとど》ける役目《やくめ》をやろう
その目に焼きつけて
記憶《きおく》しておけ
星見《ほしみ》の予言《よげん》が
成就《じょうじゅ》される様《さま》を……

どうしました
夜叉王《やしゃおう》！
顔色が
悪いですよ!!
さっき消えたのは
確かに龍王《りゅうおう》の気配《けはい》
誰が龍王《りゅうおう》を……!!

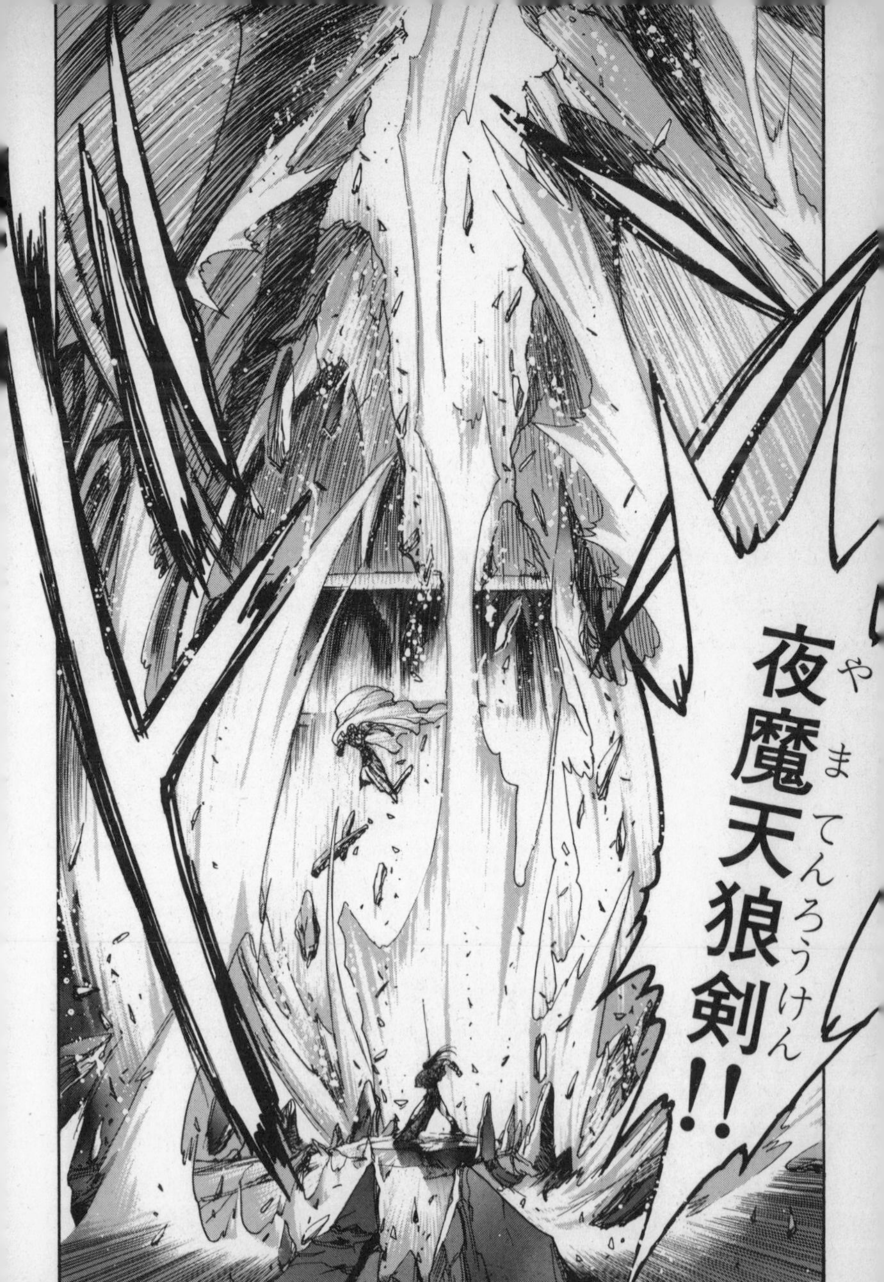
夜《や》魔《ま》天《てん》狼《ろう》剣《けん》!!

夜叉王《やしゃおう》
今…龍王《りゅうおう》が……!
わかっている!!
龍王《りゅうおう》!!
亡くなったのですね
あの方《かた》……

私たちだけが気づいた
龍王《りゅうおう》の死を
貴方《あなた》も感じられたのなら
貴方《あなた》も
私たちと同じ
『六星《ろくせい》』の一人のはず!
何故《なぜ》
私たちが戦い合わねば
ならないのですか!?
乾闥婆王《けんだつばおう》!!

もう遅い
ですわ
三百年前に
私は決めて
しまったん
ですもの
あの日私は
自分の運命を
決めました
自分の
意志で！
帝釈天《たいしゃくてん》に
持国天《じこくてん》であった父を
殺された時に
私は決めた
私は目の前の
この男に
ついていくと
この男が父の敵《かたき》であろうと
天《てん》の玉座《ぎょくざ》を奪《うば》う者だろうと
私には関係なかった

ただその強さにひかれた
一点の曇《くも》りもない強さ
それだけがすべて
私は強い人が好き!
血がつながっていようが
星宿《せいしゅく》で結《むす》ばれた仲間だろうが
弱い人は嫌《きら》い!
ご両親を殺されて
その仇《あだ》を討《う》とうとしている
貴方《あなた》には
私の気持ちはわからないでしょうね
ガラガラ
蘇摩《そうま》……
蘇摩《そうま》はとても優《やさ》しい人ですもの
そんなところが
私 大好きですわ

でも……
弱い人は嫌《きら》い
貴方《あなた》のことがこんなに……
こんなに好きなのに……駄目《だめ》なの

どのみち
既《すで》に一人
死んでしまった
『六星《ろくせい》』は六人揃《そろ》わねば
帝釈《たいしゃく》天を倒せない
のでしょう?
龍王《りゅうおう》……!
そりゃないぜ　夜叉王《やしゃおう》
俺だって
『六星《ろくせい》』の一人だぜ

今は帝釈天《たいしゃくてん》を討《う》つことだけを考えろ
その後 俺との決着《けっちゃく》をつけるんだからな 忘れるなよ 夜叉王《やしゃおう》
龍《りゅう》…王《おう》……
私自身の意志で 天帝《てんてい》 帝釈天《たいしゃくてん》を討《う》つ
しかしそれじゃあ 迦楼羅族《かるらぞく》が やばいんじゃないのか
龍王《りゅうおう》……!!

一体《いったい》　誰《だれ》が
天狼剣《てんろうけん》！
双月葉《そうげっぱ》!!
飛天翔《ひてんしょう》!!

龍王《りゅうおう》を殺した!?

ガラガラ
よくここまで参《まい》った

余《よ》を楽しませてもらおうか
『六星《ろくせい》』とやら

帝釈天《たいしゃくてん》!!!
迦陵頻伽《かりょうびんが》!!
やめねえか
迦楼羅王《かるらおう》!!

おおお!
迦楼羅王《かるらおう》!
帝釈天《たいしゃくてん》!
覚悟《かくご》!!

迦楼羅《かるら》
飛天翔《ひてんしょう》!!

ああああああ

迦楼羅王《かるらおう》!!

迦楼羅王《かるらおう》!
迦楼羅王《かるらおう》!!

迦《か》楼《る》羅《ら》王《おう》……

未熟《みじゅく》……
おのれ……!
待て! 夜叉王《やしゃおう》!!

帝釈天《たいしゃくてん》を倒《たお》すのは
私だ
よせ！迦楼羅王《かるらおう》！

おめえの力じゃ天帝《てんてい》にゃ勝てねえ
おめえが生きていてくれて正直 嬉しかった
おめえは俺の可愛《かわい》い部下だ死に顔なんざ見たくもねえ

やればおめえが確実に死ぬ！
それでも……！
それでも……!!
私は……今日
この日のために生きて来たのだ
妹と約束したのだ
自由に……
己《おのれ》を偽《いつわ》らず自由に生きると……

ここで帝釈天《たいしゃくてん》に屈《くっ》しても
己《おのれ》を偽《いつわ》ることになる
私には意味のないこと
己《おのれ》の心を偽《いつわ》って生きるなど
迦陵頻伽《かりょうびんが》のために
自分自身のために……
帝釈天《たいしゃくてん》を倒《たお》す！

迦《か》楼《る》羅《ら》王《おう》!!
愚《おろ》か者

迦楼羅王《かるらおう》！
あなたの相手はこの私ですよ
夜叉王《やしゃおう》
なかなかやるな
さすが　蒼王《そうおう》

そなたの技《わざ》に応《こた》えてこの剣で
相手をしてやろう
迦楼羅王《かるらおう》は強いわ
迦楼羅王《かるらおう》……

己《おのれ》の信じるもののために
どこまでも戦い抜く
強い人
でも……
帝釈天《たいしゃくてん》は
もっと強い

ミュウゥゥウゥ

退屈《たいくつ》しのぎには
なったが
これで
終わりだ

迦楼羅王《かるらおう》!!!

RG VEDA 聖伝

双城炎雷篇 I END

CLAMP新聞
海賊版
聖伝《リグ・ヴェーダ》9
猫井みっく
聖伝《リグ・ヴェーダ》9巻です
9巻目です
聖伝《リグ・ヴェーダ》もいよいよ
後 残すところ
一冊となりました
連載開始《れんさいかいし》から
今まで本当に
いろんな事が
ありましたね
とうとう阿修羅《あしゅら》も
大きくなっちゃい
ましたし
りゅーちゃん…

孔雀《くじゃく》の黒い羽根と
額《ひたい》の瞳の秘密も
少し見えて
きましたね
彼ら《帝釈天と孔雀》の
額の瞳
『堕天《だてん》の刻印《しるし》』
とは一体
なんなの
でしょうか
『刻印《しるし》』を持つ
意味
『魔族《まぞく》にも劣《おと》る
行為』とは一体
どんな事なの
でしょう
おでこの
丸いの…
それ『目』
だったの…て
〆切りを
守らない人に
与えられるもの
じゃやない
あっブキミに
かわいいっ
もこなにも
描いたる
くるり
かき
私が
堕天《わるいこ》だと
いうの——
っっ
ニャ——ッ
それにつけても
龍《りゅう》ちゃんが
死んでしまった!!
そ
そうね
龍王《りゅうおう》の死は
たくさんの読者さんが
悲しんで
くださいました
ずずっ

泣いちゃ駄目!!
聖伝《リグ・ヴェーダ》が最終回になるまでは泣かないと誓ったぢゃないっっ
あの――
誰かのこと忘れてない!?
あら この話の主役『ブラック阿修羅《あしゅら》』ちゃんじゃないですか
やーねえ おーほほほほ
おほほほ
あやしーなあ
という割には出番が遅いのでは!?
主役はトリと決まってるじゃないっっ!!
ますますてき!!
で!! 阿修羅《あしゅら》と夜叉《やしゃ》はどーなっちゃうの!?
それは今後の展開をお楽しみにっ!!
オラァ

あ
もー ほんとーに どーなってるんだか あんたら すーだらなんだからー
突然ですが…… いつかはやると思っていたけど やっぱりやったかっ
じゃま
ということで 今CLAMP《クランプ》は
猫《ねこ》
と同居しています
ほんとは犬好きだけど この猫は可愛いくて しょうがない
もともとかなり猫好き
ほえ ほえ〜
1995年3月1日生まれ
種類 アメリカン・カール
耳が外にそり返っているのが特徴
毛色 ブラウンチック・タビー
目の色 金色
阿修羅《あしゅら》と何の関係があるの？
金瞳《きんめ》が同じ
CLAMP《うち》に来てまだ六週間ちょっとですが随分《ずいぶん》大きくなりましたね
今は食べて眠ってかんで暴れての生活です
かわいい奴だぜ
これが甘えない猫でよくかむんですよ
がぶがぶ
本当は犬と猫同時にお招《まね》きしたかったんですけど
今のスケジュールでは犬は毎日お散歩してあげられないですからね
でも絶対犬とも一緒に住む！
くすん

ペットショップをのぞきにいった時にまだ店頭にも出ていないこの猫《こ》をさつきが見付けて来たんですね
うにゃ？
擬人化してみました。好きなのよこーいうの。
その時はまだ一ヵ月半くらいで手のひらくらいでした
うにゃー
お耳のそり返り具合と毛色が気に入ってその場で決めてしまいました
ふふふふふ
私は運命のであいを感じました
CLAMP《うち》に来てから一度もトイレ以外をトイレがわりにした事がないのが自慢なのですが
にゃっにゃっにゃっ
この猫《こ》が抱っこされたりなでられたりするのが大嫌いなんですすよ
さわらせてくれない…
一ヵ月半くらい離乳食とミルクを飲んでましたけどやっと固形食も食べられるようになりました
ドライフード
猫缶
チーズのかけら
ペット用にぼし
にゃー
甘え知らずだったのに最近やっとご飯をねだる時だけ甘えるようにも……
おなかすいたー ごはんー ごはんー
にゃあ
にゃあ
おもちゃの犬のヌイグルミ

●「双城炎雷篇Ⅰ」はウィングス'94年11月号、'95年1、3、4、5、6、7月号に掲載の作品に加筆したものです。

こんな小さな生きものだけど同じ部屋にいるだけで結構気が安まるもので
ふわふわ やわらかくて ほかほかしてて でも するどい つめと 牙を
甘えてみたりして
くーくー
初めて(四人とも猫は初めて)一緒に住んでみて色々な発見をしています
でも原稿の邪魔《じゃま》はしないでね
あーなにか動いてるぅー
ぐいぐい
シャカシャカ
そうそう最後になりましたがお知らせがありますCLAMP《クランプ》の情報機関としてあります『CLAMP《クランプ》研究所《けんきゅうじょ》』では
がぶっ がぶっ
うきゃー
現在は入所受付を致しておりません入所案内の発送も行っておりませんのでご注意くださいませね
尚テレフォン・サービス『CLAMP《クランプ》研究所《けんきゅうじょ》・秘書室《ひしょしつ》』は変わらず続けております
よろしければ御利用くださいませ
『CLAMP研究所・秘書室』
電話番号
03(3496)8311
・お掛け間違いのないようにお気を付けくださいませ
テレフォンサービスは毎月1日と16日に内容が変わりますので覚えておいてやってくださいね
さあ『聖伝《リグ・ヴェーダ》』最終巻にむけて気合いを入れていこーっっ!!
おぉー
聖伝《リグ・ヴェーダ》10に続く…はずね